Lucien RAULET

LE PROJET
DE
BOURET DE VÉZELAY

POUR LE DÉGAGEMENT DES ABORDS
DE LA NOUVELLE ÉGLISE DE LA MADELEINE
DE LA VILLE L'ÉVÊQUE
(1788)

NOTICE BIOGRAPHIQUE
SUR
JACQUES-LOUIS-GUILLAUME BOURET DE VÉZELAY

PORTRAIT — PLAN
TABLEAU GÉNÉALOGIQUE

PARIS
HONORÉ CHAMPION, LIBRAIRE
5, QUAI MALAQUAIS
1909

PROJET
DE
BOURET DE VÉZELAY

NOTICE BIOGRAPHIQUE

Lucien RAULET

LE PROJET DE BOURET DE VÉZELAY

POUR LE DÉGAGEMENT DES ABORDS DE LA NOUVELLE ÉGLISE DE LA MADELEINE DE LA VILLE L'ÉVÊQUE

(1788)

NOTICE BIOGRAPHIQUE SUR JACQUES-LOUIS-GUILLAUME BOURET DE VÉZELAY

PORTRAIT — PLAN

TABLEAU GÉNÉALOGIQUE

PARIS

HONORÉ CHAMPION, LIBRAIRE

5, QUAI MALAQUAIS

1909

*Bulletin de la Société historique des VIII*e *et XVII*e *Arrond*ts, t. X, 1908.

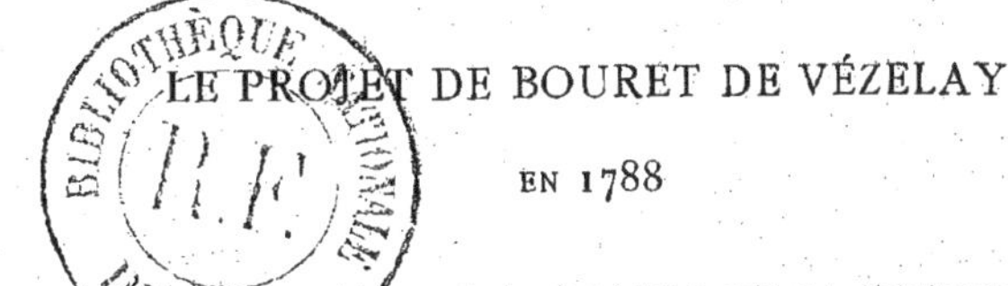

LE PROJET DE BOURET DE VÉZELAY

EN 1788

POUR LE DÉGAGEMENT DES ABORDS DE LA NOUVELLE ÉGLISE DE LA MADELEINE DE LA VILLE L'ÉVÊQUE

Le boulevard Malesherbes, l'une des plus belles voies du VIIIe arrondissement, inauguré en 1861, n'est pas une conception du second Empire, comme beaucoup d'autres artères de la capitale, qui font honneur à l'administration du préfet Haussmann.

Notre vice-président, M. Gruel, dans son érudite monographie « L'*Eglise de la Madeleine* » (1), a signalé dernièrement que, dès 1808, l'architecte Vignon, chargé de la construction du Temple de la Gloire, qui devait remplacer l'église alors inachevée, ayant à s'occuper de la disposition de la place à établir devant et autour de ce monument, « avait pris pour base la correspondance à angles égaux du Boulevard dit de la Madeleine, à un autre boulevard qui se dirigerait sur Monceaux, et un autre grand boulevard percé derrière le monument en prolongement direct de la rue de la Concorde ». Cette proposition de Vignon passa dans un décret impérial du 10 septembre 1808, sans qu'elle ait été réalisée à cette époque.

C'était notre futur boulevard Malesherbes qui devait attendre cinquante-trois ans pour son exécution (2), et la future rue Tronchet percée seulement en 1824-1825.

(1) Bulletin, T. IX, 1907, p. 44.

(2) Il est vrai qu'une décision ministérielle de 1819 donne bien à cette future voie son nom actuel, mais une ordonnance du 2 septembre 1829 en limita le parcours, de la place à la rue de la Madeleine, de sorte que ce beau projet se réduisit à une sorte d'impasse.

Dans nos recherches sur l'hôtel de Monville, situé rue d'Anjou, que le boulevard Malesherbes a fait disparaître, nous avons été amené à étudier les origines de cette grande voie, et nous pouvons en faire remonter l'idée première non seulement au commencement du XIXe siècle, mais bien au XVIIIe siècle, vers 1788. Cette constatation a été faite dans un projet présenté à cette date par Bouret de Vézelay, projet fort intéressant pour l'histoire du quartier de la Madeleine.

Lorsque Couture en 1777 succéda à Contant d'Ivry, comme architecte de la nouvelle église de la Madeleine de Ville-l'Evêque, cet édifice était entièrement fondé et élevé de quinze pieds au-dessus du sol (1) ; en 1787, dix ans plus tard, ce monument était arrivé à une hauteur respectable, les hautes colonnes n'attendant plus que leurs chapiteaux, ce qui exigeait que l'on dût enfin s'occuper de l'aménagement de la place entourant l'église et de ses abords ; c'est ce qui motiva, à cette époque, un projet de Couture dont nous avons retrouvé le plan manuscrit et le Mémoire qui l'accompagnait. Le plan (2) nous donne l'église avec ses abords, les deux îlots de la rue Royale, la place Louis XV, avec une retombe pour le pont Louis XVI, alors en construction. C'est une représentation fort exacte du quartier, intéressante en ce qu'elle nous indique pour cette date de 1788, un peu avant le plan de Verniquet, l'état des maisons, hôtels et terrains qui environnaient l'église. Nous y voyons dans le voisinage l'« Hôtel de feu M. le prince de Soubise » (rue de l'Arcade). Trois des terrains sur la droite de l'édifice étaient occupés par des chantiers de bois.

Une retombe ou plan n° 2 donne le « Projet de place et rue derrière l'église ». Le dégagement est indiqué par une place demi-circulaire sur le devant de la façade, et une autre place également demi-circulaire au chevet de l'église, au lieu de parties droites et de pans coupés, suivant le plan primitif

(1) Gruel, *loc. cit.* Bull. t. V, 1903, p. 31.

(2) Archives nat. O[1] 1688[10], année 1788. Une copie de ce plan, avec la signature de Couture, est conservée dans l'importante et fort belle collection documentaire d'iconographie parisienne de notre confrère M. Blondel, qui a bien voulu nous en laisser prendre un calque, ce dont nous le remercions vivement.

de Contant d'Ivry. La seule rue projetée est la future rue Tronchet. Couture, dans une requête du 22 janvier 1788, signalée par M. Gruel (1), demandait comme récompense, que cette nouvelle rue projetée par lui portât « sur son écriteau », rue Couture ou rue Couture Sainte-Madeleine.

Le Mémoire de Couture fait connaître « que son prédécesseur Contant d'Ivry n'avait présenté aucune rue au-delà de celle projetée pour isoler cet édifice, et que la rue nouvelle proposée, procurerait aux habitants de la partie supérieure de la paroisse une communication facile avec l'église, évitant ainsi un chemin long et détourné. Cette principale rue large de 40 à 42 pieds prendrait naissance sur un terrain dépendant de la Madeleine, dans la rue formant l'isolement de l'église au point de section où aboutit la continuation des rues de Chevilly et de Suresnes et finissant à la rue neuve des Mathurins, vis-à-vis celle de la Ferme, rue avantageuse pour les propriétaires qui auraient des terrains sur cette voie. Il serait à propos que cette rue fut approuvée avant toute autre, que le seul intérêt personnel (2) pourrait faire solliciter et qui en ferait peut-être diriger l'ouverture dans un sens opposé à celui qu'il convient observer pour le rapport des grands débouchés qui doivent conduire de toutes les parties supérieures du quartier aux Boulevards, à la place Louis XV, au pont Louis XVI ». Le 15 avril 1788, le service des Batiments du roi fait répondre « par une simple phrase dilatoire ». Nous verrons plus loin, en 1789, Couture revenir sur ce projet.

Voici maintenant un projet ayant le même but, mais de plus grande importance, présenté concurremment avec celui de Couture, mais pour lequel nous sommes mieux documentés, car en plus des plans, mémoire et rapports, nous avons une décision du Bureau de la Ville, c'est le projet de Bouret de Vezelay présenté avec l'appui du prince de Condé.

Plusieurs causes avaient motivé la présentation du projet : l'accès, par de nouvelles voies, de l'église de la Madeleine de la Ville l'Evêque reconstruite sur un emplacement voisin de l'ancienne église, devenue insuffisante ; la démarche du prince de Condé qui, de son palais Bourbon, par le pont de Louis XVI alors en construction, cherchait à obtenir par la place

(1) Bullet., t. V, 1903, p. 31.

(2) C'est une allusion, sans doute, au projet Bouret de Vézelay dont nous allons parler.

Louis XV et la rue Royale une voie nouvelle allant rejoindre la Fourche des deux routes de Clichy et de Saint-Ouen, sur le territoire des Batignolles, pour se rendre plus facilement à Chantilly. Cette demande était appuyée également par le prince de Conti, dont l'hôtel sur la rive gauche n'était pas éloigné du palais Bourbon et qui venait de se rendre acquéreur de l'ancien hôtel du maréchal de Soubise rue de l'Arcade ; il eût utilisé cette nouvelle voie pour se rendre à son château de l'Isle-Adam. Enfin ce projet était conforme aux intérêts d'un grand propriétaire, Bouret de Vézelay.

Pour donner une idée de l'importance des propriétés terriennes que possédait celui-ci, tant en toute propriété que par bail emphytéotique, indépendamment des terrains qui lui appartenaient dans la nouvelle rue Taitbout et ailleurs, nous devons faire connaître une autre requête présentée par lui, quelques mois auparavant, qui motiva une décision approbative du Bureau de la Ville, du 25 janvier 1788, pour l'ouverture de deux rues au Roule près la Pépinière et de deux autres rues derrière les Capucins de la Chaussée d'Antin sur les terrains « du dit Bouret de Vézelay » (1).

Vu la requête présentée au Conseil d'Etat du roy par laquelle le sieur Bouret de Vezelay demande à être autorisé à ouvrir :

1° Deux rues sur un terrain à lui appartenant de *60.000 toises* de superficie coupé par la rue Guyot (Miromesnil prolongée) et environné par les rues de la Pépinière, de Courcelles, de Valois (Monceaux) et des Errancis (rue du Rocher), lesquelles deux rues auront chacune neuf toises ou 54 pieds de largeur, savoir 32 pieds de chaussée et huit de chaque côté pour les trottoirs, *indépendamment de deux fossés de 3 pieds chacun pour éclairer les souterrains des maisons*, lesquels seront séparés des trottoirs par des grilles de 4 pieds et demi de haut.

2° Deux autres rues sur un terrain dont il est aussi propriétaire

(1) Cette autorisation était nécessaire comme l'indique l'ordonnance du Bureau des finances de la Généralité de Paris du 22 juin 1779, rappelant les déclarations royales antérieures du 30 juillet 1672, 18 juillet 1724 et 16 mai 1765, défendant expressément « d'ouvrir ni de percer de nouvelles rues dans la ville et faubourgs de Paris à peine de trois mille livres d'amende, de démolition des constructions encommencées et de confiscation des terrains et matériaux au domaine de S. M. » Cette interdiction d'élever des bâtiments et de former des rues nouvelles s'étendait même aux propriétaires de jardins et marais dans l'intérieur de leurs clôtures, avant d'avoir obtenu des lettres patentes pour les y autoriser.

entre les rues de l'Arcade, de Saint-Lazare et de la Ferme et l'emplacement des Capucins de la Chaussée d'Antin. . . . . (1).

La Requête et les deux plans qui l'accompagnaient avaient été envoyés au Prévôt des marchands par le baron de Breteuil (2) le 19 août 1787. L'architecte de la ville, Poyet, dans son rapport du 28 septembre, dit : « que ces rues ne feront qu'ajouter à l'agrément et à la commodité d'un quartier qui devient de jour en jour un des plus intéressants de Paris, tant par la beauté de ses bâtiments que par la faveur dont il jouit » (3), et il ajoute à propos des fossés : « Cette disposition des rues, dans un quartier placé à l'extrémité de Paris, qui ne conduit qu'à lui-même, serait de nature à être beaucoup moins sensible que dans des quartiers du centre ouverts aux communications les plus actives et les plus peuplées, il me paraît néanmoins infiniment à souhaiter qu'il existe un modèle de cette disposition capable de faire désirer plus vivement qu'elle soit adoptée dans des quartiers où elle sera encore plus utile » (4).

Les conclusions du procureur du roi et de la ville de Paris, Ethis de Corny, furent également favorables.

La décision approbative du Bureau de la Ville du 25 janvier 1788 se termine par cet attendu qui mérite d'être rapporté : « l'usage, y est-il dit, a attribué aux officiers de la Ville le privilège de donner successivement leurs noms aux rues dont il plait au Roy d'autoriser l'ouverture. Monsieur le baron de Breteuil sera supplié de maintenir leur droit en cette occasion, et de faire approuver par S. M. que les noms désignants sur les deux plans les quatre nouvelles rues, dont il s'agit, soient insérés dans les dites lettres-patentes. Signé : Le Peletier, Guyot, Dorival, Sageret (5).

(1) Archives nationales, H. 1959.

(2) Ministre de la maison du roi et du Département de Paris.

(3) Déjà, comme on le voit, s'accusait, à cette époque, le mouvement de la population, et qui n'a fait que s'accentuer, vers l'ouest de Paris.

(4) Cette disposition, alors nouvelle, de maisons en retrait de l'alignement, avec le *souterrain*, ou sous-sol éclairé par un *fossé*, est à remarquer, car elle a été appliquée beaucoup plus tard, notamment rue de l'Elysée et ailleurs, dans les beaux quartiers.

(5) On connaît les nombreux noms de prévôts, échevins, procureurs, greffiers de la Ville de Paris : Viarmes, Chauchat, Caumartin, Le Peletier, Buffault, Taitbout, etc., donnés pendant le XVIIIe siècle aux rues de la capitale, il eût été intéressant de savoir les noms des quatre édiles indiqués sur les deux plans qui n'ont pas été retrouvés.

Nous avons donné cette requête, qui ne nous éloigne pas de notre sujet, c'est que dans le nouveau projet Bouret de Vézelay, à quelques mois de distance, la rue derrière la nouvelle église de la Madeleine facilitait l'accès de ce même terrain indiqué comme situé derrière les Capucins de la Chaussée d'Antin, et que le boulevard dirigé sur Monceau (Boulevard Malesherbes actuel) et dénommé sur le plan qui accompagne le nouveau projet: Boulevard de Breteuil, donnait accès à son grand terrain de 60.000 toises — 240,000 mètres carrés où 24 hectares (?) sur lequel on a bâti plus tard, de 1810 à 1818 l'Abattoir du Roule (1).

Le nouveau projet Bouret de Vézelay, objet principal de notre étude, avait pour but, cette fois, d'obtenir l'autorisation d'ouvrir quatre rues nouvelles qui devaient former, avec l'ancien Boulevard dit de la Madeleine, la patte d'oie au chevet et sur les côtés de l'église en construction. Nous ferons remarquer, sans nous y arrêter, car on en parle peu dans le projet, la construction de deux autres rues (F du plan), dans l'axe des deux grands boulevards, dont l'un était à créer (le boulevard de Breteuil) et qui devaient aboutir, l'une rue St-Honoré en face de la rue St-Florentin, l'autre au faubourg, au coin de la rue de la Madeleine, et en face de la rue des Champs-Elysées (Boissy-d'Anglas).

Un plan accompagne les documents du second projet Bouret de Vézelay (2). Ce plan est intéressant à plusieurs

(1) Voyez « l'*Abattoir du Roule* » par A. Babeau, Bull. de la Société, t. IX, 1907, p. 79. Dans les parties de l'atlas Vasserot qui n'ont pas été gravées et dont les différentes minutes se trouvent à la Bibliothèque de la Ville de Paris (nº 16574. Don Mareuse), l'on voit encore au nord de l'Abattoir un grand terrain pentagonal sur la rue de Lisbonne avec la mention : de Vezelay, et d'autres nombreux terrains rue Miroménil et entre les rues de Lisbonne et de Valois (Monceau), sur lesquels on a percé plus tard la rue Vezelay.

Vasserot, dans ces mêmes minutes, parle du Boulevard Malesherbes qui devait aboutir à la Madeleine « superbe projet malheureusement abandonné ».

(2) Ce plan mesure 1m 75 sur 0,49 de large. Nous en donnons une reproduction fort réduite; malgré la réduction, elle donne bien la physionomie de cette intéressante conception. On remarquera que la rue de la Ville-l'Evêque est improprement appelée rue de la Madeleine. Ce plan est conservé aux Archives nationales (Nº 3, Seine 1056), il a été photographié par notre président, M. Mareuse, qui a bien voulu en offrir le cliché pour notre Bulletin. Les documents explicatifs se trouvent dans la série H. 1959 nos 304 et suivants.

titres; il indique notamment pour toute la partie gauche de la rue de Clichy jusqu'à la rue des Errancis (rue du Rocher) limitée au nord par la nouvelle enceinte des fermiers généraux et au sud par la rue Saint-Lazare, les rares maisons qui y étaient alors construites, au milieu d'immenses terrains non bâtis « vaste superficie de terrains vuides » comme le disait en 1788 le procureur du roi et de la ville.

Nous y relevons seulement les propriétés bâties appartenant à Frapet, héritiers Brochet, Melle Coupée, le duc de Grammont et Boutin, nous y voyons surtout dans la rue Saint-Lazare l'indication « Hôtel des Ponts-et-Chaussées » qui ne figure sur aucun autre plan, celui de Verniquet ne donnant pas de détail sur cette partie de Paris (1).

Le projet que l'on désigna plus tard sous le nom de Projet de Bouret de Vézelay, fut d'abord présenté par le prince de Condé au prévot des marchands, et le 6 mai 1788, Poyet, architecte de la ville, donna son avis approbatif. « Indépendamment, dit-il, de ce qui a pu intéresser le Prince, c'est-à-dire d'une communication plus commode pour lui avec les issues de Paris qui peuvent le conduire à Chantilly, il est certain que l'importance du monument de la Magdelaine et l'achèvement de l'ensemble que doivent produire le pont de Louis XVI, la place Louis XV, la rue Royale et la nouvelle Eglise exigent que tout cet ensemble n'aille pas aboutir à un simple cul de sac derrière le chevet de cette église ».

Il démontre ensuite l'avantage d'obtenir ainsi trois belles communications nouvelles et de rendre accessible l'église paroissiale aux citoyens auxquels elle est destinée.

(1) Cet immeuble, contigu aux jardins du financier Boutin, le futur Tivoli, fut de 1788 à 1796, l'une des neuf résidences, y compris l'Hôtel Carnavalet, de l'Ecole des Ponts-et-Chaussées, avant son installation rue des Saints-Pères, en 1845 (Voy. F. de Dartein. Note sur les *locaux occupés par l'Ecole des Ponts-et-Chaussées depuis sa fondation en 1747*, dans *Notice sur le régime de l'Ancienne Ecole des Ponts et Chaussées*. Paris, 1906, in-8°, 144 pages. Extrait des Ann. des Ponts-et-Chaussées). On trouvera les plans, coupe et façades de l'*Intendance et la ci-devant Ecole des Ponts-et-Chaussées*, rue St-Lazare, bâtie en 1788, par Henry, architecte, planche 62, des *Plans, coupes et élévations des plus belles maisons et des hôtels construits à Paris et dans les environs*, publiés par Krafft et Ransonnette, Paris, s. d. in-folio; la planche 82 donne la décoration de la salle à manger. Cet ancien hôtel a fait place aux bâtiments de l'Administration de la Cie des chemins de fer Paris-Lyon-Méditerranée. Voyez également *Les Tivolis*, 1796-1841, par Gustave Capon, 1901, Extrait du Bullet. de la Société « Le Vieux Montmartre ».

Le 22 mai le procureur du roi Ethis de Corny donne sa pleine et entière approbation en se basant surtout sur ce que

« le prince de Condé est journellement dans la nécessité pour aller et revenir à Chantilly, de parcourir une grande portion de Paris par des rues étroites et souvent embarrassées ». Il ajoute que « si le gouvernement ou le Bureau de la Ville craignaient que cette entreprise n'occasionnât une trop grande dépense, un particulier (1) qui en a déjà fait plusieurs offrirait d'y donner gratuitement ses soins ou de s'en charger moyennant un forfait ». Mais le procureur du roi termine en disant que « pour faire un examen plus approfondi de cet objet: il faudrait que le Mémoire dont il s'agit fut adressé ministériellement à M. le Prévot des marchands ou au Bureau de la Ville suivant l'usage ».

« Il paraît donc nécessaire avant tout que cette marche soit indiquée à S. A. S. Mgr le prince de Condé en l'assurant que la ville s'occupera des ouvertures de rues proposées lorsque le Gouvernement aura jugé à propos de destiner des fonds ou des moyens équivalents pour cet objet ».

Le 16 juin le baron de Breteuil fait passer *ministériellement* au prévot des marchands le document à lui remis par le prince, et le procureur du roi donne le 30 juillet de nouvelles conclusions approuvant le projet.

Enfin le 5 août 1788 le Bureau de la Ville autorise le projet en question et le renvoie au ministre pour qu'il y soit donné suite en partie.

Les conclusions du procureur du roi et la décision du Bureau de la Ville méritent d'être reproduites en partie, elles donneront tous les renseignements nécessaires sur le projet

(1) Jacques Louis Guillaume Bouret de Vézelay, ancien trésorier général de l'artillerie et du génie, avait en effet exécuté plusieurs opérations de ce genre : la couverture du grand Egout, de la Chaussée d'Antin au faubourg Montmartre ; le percement de la rue Taitbout et celui en partie de la rue du Helder actuelle, primitivement appelée rue Vézelay.

Le rôle joué par ce grand propriétaire dans la viabilité parisienne de la seconde moitié du XVIIIe siècle nous engage à publier dans un prochain bulletin une note spéciale sur ce personnage et sa famille, notre distingué collègue, le baron de Baye, descend en ligne directe de J-L-G. Bouret de Vézelay, ce qui nous permettra de rectifier plusieurs erreurs biographiques, de combler certaines lacunes et de rattacher d'une manière positive le Bouret de Vézelay qui nous occupe aux autres Bouret.

présenté, sans faire double emploi avec ce que nous en avons déjà dit (Voy. l'appendice).

On peut voir quelle était l'ampleur de ce dernier projet qui devait faire ouvrir six nouvelles voies, en plus du Boulevard, dit de la Madeleine, et de la rue Royale, autour de la nouvelle église, tandis que Couture, à la même époque n'en prévoyait qu'une, celle s'ouvrant au chevet de l'église (la rue Tronchet actuelle) ; mais nous voyons l'architecte municipal, le procureur du roi, le Bureau de la ville, abandonner successivement plusieurs de ces nouveaux percements, pour s'en tenir en attendant mieux, à la voie préconisée par le prince de Condé, reliant la rue Royale à la Fourche de Clichy et de Saint-Ouen.

Cette décision du Bureau de la ville du 5 août 1788 ne suffisait pas, il fallait encore l'approbation du Conseil d'état du Roi, qui en aurait donné arrêt, puis les lettres patentes royales et leur enregistrement au Parlement, au Bureau de la ville et dans d'autres cours.

L'autorisation tardant à venir, une campagne nouvelle commence pour obtenir la réalisation du projet, accepté par la ville, mais cette fois Couture se joint au prince de Condé et à Bouret de Vézelay, et le 28 janvier 1789 il écrit au comte d'Angiviller, le contrôleur général des Bâtiments, pour que celui-ci favorise le percement de la rue qu'il avait projetée sur les terrains compris entre la nouvelle église de la Madeleine et la rue Neuve des Mathurins.

Couture joint à sa lettre un nouveau Mémoire de Bouret de Vézelay du 20 janvier 1789, où il insite sur « l'utilité d'ordonner une belle division des rues à ouvrir avant que les terrains soient construits », il cherche à connaître quels sont les obstacles qui peuvent s'opposer à leur ouverture et démontre l'urgence qu'il y a à prendre une décision.

Le 24 janvier, le ministre de la maison du roi et du département de Paris, Breteuil, avait fait demander ce qu'il en pourrait coûter pour passer sur les terrains entre l'église et la rue de la Ferme, et démolir la maison qu'on venait d'élever rue des Mathurins à l'angle où la rue projetée devait aboutir. Mais la cause qui retarda cette décision si impatiemment attendue, et qui fit peut-être avorter le projet, c'est qu'au dernier moment, le ministre Breteuil s'avisa que cette rue devait passer sur un terrain appartenant à la Madeleine et que tout ce qui concernait cette église et qui l'entourait étant sous les ordres de M. le comte d'Angiviller, contrôleur général des Batiments, l'autorisation de celui-ci était indispensable (1).

L'entente entre le Bureau de la Ville, le ministre du Département de Paris et le contrôleur général des Bâtiments ne put se faire, cette dernière administration ayant fait répondre « par des observations négatives fort importantes et très approfondies » ; cette annotation sur une lettre de Couture au Comte, en date du 9 février 1789, mettait fin provisoirement à cette entreprise, malgré les efforts communs de l'architecte Couture, du prince de Condé, du Bureau de la Ville et de Bouret de Vézelay, et l'on comprendra, la Révolution de Juillet 1789 étant proche, que ce beau projet n'eut pas de suite. D'ailleurs quelques mois après, le 18 juillet 1789, le prince de Condé prenait le chemin de l'exil, et Couture demandait le 22 août au comte d'Angiviller « son agrément pour aller en Italie faire des études relatives aux chapiteaux destinés à couronner les colonnes de la Madeleine qui étaient partout élevées à la hauteur des astragales ».

Il résulte de tout ce qui vient d'être rapporté que de mars 1764, date à laquelle furent commencés les travaux de la nouvelle église, jusqu'à l'ouverture de la rue Tronchet en 1825 on ne put parvenir à faire aucun dégagement autour de ce vaste emplacement et qu'au contraire cette construction n'aboutit qu'à la suppression d'une partie de la rue de Suresnes, comme en témoigne l'ordonnance du Bureau des finances de la Généralité de Paris du 10 mars 1773 : « De par le Roi..... sur le rapport de M. Mignot de Montigny chargé de la direction générale du pavé de la ville et faubourgs de Paris..... contenant que la nouvelle église paroissiale de la Magdeleine est présentement assez avancée pour qu'il soit nécessaire de *supprimer une partie de la rue de Surêne qui doit être enfermée dans la nef de la dite église...* ordonnons que la partie de la rue de Surêne qui fait la communication actuelle de la rue

1. Arch. nat. O^1 1688 [11].

Basse du Rempart avec la rue de Chevilly sera et demeurera supprimée ».

Nous avons pensé que la publication de ces divers projets pourrait être utile à l'histoire du VIII° arrondissement, et après M. Gruel, qui faisait remarquer que le préfet Haussmann, en perçant le boulevard Malesherbes en 1861 n'avait fait autre chose que d'adopter l'idée de Vignon, nous pouvons dire à notre tour que Vignon, en 1808, ne faisait que reprendre une partie du projet Bouret de Vézelay présenté en 1788, c'est-à-dire le percement du boulevard de Breteuil qui devait faire communiquer l'église de la Madeleine avec Monceaux.

Lucien RAULET.

APPENDICE

DEMANDE DU Sr BOURET DE VÉZELAY POUR LA FORMATION DE NOUVELLES RUES DE LA PAROISSE DE LA MAGDELEINE A LA BARRIÈRE DE CLICHY (1).

Conclusions de M. Ethis de Corny, avocat et procureur du Roi et de la ville de Paris, 30 Juillet 1788.

Vû par nous, avocat et procureur du Roi et de la ville de Paris, le mémoire présenté au Ministre du Département de Paris, par M. Bouret de Vezelai, par lequel il expose que la nouvelle enceinte de murs renfermant une vaste superficie de terreins vuides dont quelques uns, par leur situation, paraissent devoir être promptement mis en valeur pour des habitations, il croit qu'il serait important de n'en pas négliger la distribution.

Que la place Louis XV, la construction du pont de Louis XVI, en face du Palais Bourbon, le péristile et l'entrée de l'église de la Magdeleine, la proximité des Thuileries, des Champs Elysées, des Boulevards et des spectacles sont autant d'avantages qui assignent au fauxbourg St-Honoré un rang bien marqué dans le nombre des beaux quartiers de Paris.

(1) Archives Nat[les] H 1959, n° 304.

Mais que dans les environs de l'église de la Magdeleine, et depuis ce point, jusqu'aux nouvelles barrières, il y a des maisons posées irrégulièrement, mal construites, désagréables à la vue, qui ne pourront se concilier avec l'exécution d'aucun plan utile, et dont il serait intéressant de se rendre maître, pour que leur conservation ne puisse ni gêner des dispositions générales ni contrarier leur exécution.

Le sr Bouret de Vézelay propose celle d'un projet qui depuis longtemps a été mis sous les yeux du Gouvernement.

Il consiste à dégager l'église de la Magdeleine de ce qui l'entoure, à l'isoler au milieu d'une place percée par une de ses extrémités de trois rues chacune de neuf toises de largeur dont une serait prolongée jusqu'au carrefour des chemins de St-Ouen et de Clichy.

Cette rue aurait 900 toises de longueur, et pourrait être garnie de trottoirs et de grilles au devant des maisons, elle serait non seulement la plus belle de Paris, mais encore une des plus utiles, puisqu'elle deviendrait le passage principal de tout ce qui arrive d'Angleterre, de l'Artois, de la Picardie, d'une partie de la Flandre et de la Normandie, pour les fauxbourgs St-Honoré, St-Germain, et tout le quartier de la place Vendôme. Elle réuniroit à ces avantages une considération infiniment intéressante pour la magistrature municipale, en concourant à ce qui peut être agréable à S. A. S. Mgr le Pce de Condé, et à S. A. S. Mgr le Pce de Conti, en ce qu'elle leur procurerait une voie plus directe, plus facile, et moins embarrassée pour aller et venir de Chantilly et de l'Isle-Adam.

Il résulte de l'analyse du mémoire dont il s'agit, 1° que depuis l'église de la Magdeleine (cottée G sur le plan) jusqu'à la ruë des Mathurins, dans une longueur d'environ 200 toises, on passerait sur la lisière du jardin des religieuses de la ville l'Evêque (lettre M).

2° Qu'on traverserait ensuite le jardin de feu M. le Mal de Soubise (lettre N). Le sr de Vezelai présume qu'on obtiendrait peut-être gratuitement, ou pour une modique indemnité, le passage d'une ruë sur ces deux terreins, à cause de la valeur que le surplus acquérerait.

Mais il n'en est pas de même du terrein qui est immédiatement à la suite du jardin de M. le Mal de Soubise, et que les Mathurins ont cédé par bail emphitéotique (1).

(1) Ce terrain des Mathurins contenant 9 arpents 15 perches 6 toises 16 pieds, délimités entre les rues de l'Arcade, des Mathurins et Caumartin et au midi par d'autres propriétés, avait été cédé en 1770 par un bail à vie ou au moins pour 30 années, à la veuve de Béthune d'Ancenis, décédée en 1784, et à son fils Armand-Joseph duc de Béthune-Charost, qui en avait, en 1788, la jouissance moyt 130 livres de loyer par chaque arpent et 700 livres aussi par chaque arpent payables à la fin de la jouissance (Archives de la Seine. Domaines 584 n° 356). On prenait de ce terrain (O du plan) 600 toises estimées à 120 livres la toise, c'est-à-dire 30 livres le mètre carré, tandis qu'un autre terrain (R) derrière les

. . . .

La dépense totale de l'ouverture de cette ruë se trouve évaluée par apperçü, non compris celle du pavé, à 622.300 #.

Le sr de Vezelay observait que comme dans cette somme se trouve comprise celle de 380.000 # pour l'achat des batimens existans, on pourrait différer cette acquisition de deux ou trois ans, et se borner quant à présent à faire seulement celle des terreins vagues pour empêcher qu'on n'y élève des édifices, ce qui n'exigerait qu'un emploi de fonds de 252.300 #, qu'il demande à cet effet au Gouvernement.

Mais en considérant qu'en opérant partiellement on s'expose à un résultat incomplet, et à des difficultés ; que l'intention étant manifestée par l'acquisition des terrains, les propriétaires des maisons mettraient à leurs propriétés un prix d'autant plus exagéré, qu'ils seraient assurés qu'on ne peut plus se passer d'eux, nous estimons que cette observation doit être rejetée absolument, et qu'il faut traiter de la totalité, ou ne rien faire.

A l'égard des quatre autres rues (indiquées sur le plan par les lettres K K F F) le Sr de Vezelay n'en a fait mention, que parce qu'elles font partie du plan général anciennement projeté. Il pense qu'elles pourront s'ouvrir sans frais lorsque les propriétaires des terreins en feront la demande, et que le Gouvernement jugera à propos d'ordonner cette opération.

Vû aussi la lettre du Ministre du département de Paris adressée au Bureau de la ville, par laquelle il annonce qu'indépendamment de l'embellissement que procurerait au quartier de la Magdeleine et de la ville l'Evêque, l'exécution de ce projet, il en résulterait un agrément particulier pour Mgr le Prince de Condé.

La lettre de S. A. S. pour faire connaître l'intérêt particulier qu'elle prend à l'admission de ce projet.

Le rapport de l'architecte de la ville qui pense qu'il y a lieu d'accorder une entière approbation aux propositions présentées par le Sr de Vezelay.

Nous estimons, ainsi que nous l'avons déjà annoncé par notre avis du

Capucins de la Chaussée d'Antin (Lycée Condorcet), n'était estimé qu'à 100 livres, 25 livres le mètre carré.

Ce dernier terrain (R) était celui dont nous avons parlé lors du premier projet de Bouret de Vézelay ; il appartenait également aux religieux Mathurins et contenait primitivement cinq arpents et demi. Les Mathurins en avaient fait bail emphytéotique, en 1774, pour 99 ans à Lebouteux et Ligné, qui cédèrent ce bail, le 24 Xbre 1781, à Bouret de Vézelay, lequel en devint complètement propriétaire en 1793 (Arch. de la Seine. Domaines 584, no 356).

Le projet faisait disparaître les deux maisons du sieur L'Hermite (P) estimées 350.000 livres et deux masures (Q) en bordure de l'Égout (rue de Provence) estimées 30.000 livres, c'étaient les seules maisons à démolir entre l'Eglise et la Fourche (Carrefour de Clichy et de Saint-Ouen), sur un parcours d'environ 1755 mètres.

22 mai dernier que le désir de concourir à une opération qui serait utile et agréable à S. A. S. Mgr le Pce de Condé, ajoute un intérêt particulier aux dispositions générales avec lesquelles le Bureau accueille et seconde les projets relatifs à l'embellissement de Paris, et à la facilité des communications.

. . . .

Toutes considérations pesées et adoptées, il est certain que l'exécution du projet dont il s'agit donne des issues, des dégagemens, des communications, que paraissent exiger la nouvelle construction de l'église de la Magdeleine, et l'état des choses. La ruë qui conduirait de cette église au carrefour des chemins de St-Ouen et de Clichy, aurait 54 pieds de largeur sur une ligne droite de 8 à 900 toises. Il eut été préférable que sa direction eut été tracée pour arriver à la barrière de Clichy, avantage que ne procurera aucune des trois ruës proposées dans cet allignement. Mais le Sr Bouret de Vezelay a répondu à cette observation que cette direction aurait nécessité l'acquisition de plusieurs propriétés bâties très précieuses, et dont les indemnités auraient été excessivement couteuses ; et que la ruë allignée comme il le propose aboutirait à peu de distance de la barrière de Clichy, qui n'est pas encore entièrement construite ; qu'en établissant un *laissés* passer au bout de cette ruë, les commis qui occuperont le bureau de la barrière de Clichy pourront facilement faire ce double service, ainsi que cela se pratique dans d'autres endroits, notamment à la barrière St-Martin.

Mais la ville ne peut s'occuper de l'exécution du projet dont il s'agit, que comme mandataire du Gouvernement, dans le même esprit et de la même manière que pour tous les travaux publics ordonnés par l'Edit de 7bre 1786 (1). Ainsi lorsque le conseil du Roi aura approuvé le projet et la demande du Sr de Vezelay, et qu'il aura pourvu à la dépense de cette opération, en assignant des fonds à cet effet, sur ceux destinés par l'Edit de 7bre 1786 à des objets de ce genre, ou en employant d'autres moyens équivalens, alors il sera nécessaire que le Bureau de la ville soit spécialement autorisé par un arrêt du Conseil à accepter au nom du Roi les offres faites par le Sr de Vezelay et à traiter avec lui, pour régler et assurer l'exécution de ces dispositions ; c'est dans cet esprit que nous estimons que la délibération du Bureau de la ville de Paris peut être rédigée ; et que nous acquiésçons à ce qu'il y soit fait mention de notre consentement, en observant toutefois que le Bureau ne pourra intervenir dans les acquisitions de terreins, de pro-

1. L'Edit de septembre 1786, qui ordonnait la démolition des maisons construites sur les ponts, la construction du pont Louis XVI et de la nouvelle salle de l'Opéra, autorisait les Prévôt et Echevins de la ville à faire un emprunt de 30 millions de livres, sur lequel la Ville pouvait prélever chaque année trois millions pour la « confection desdits travaux et autres pareillement utiles à ses habitants ».

priétés, de maisons, relatives aux ouvertures desd[tes] ruës, qu'après que les fonds à y employer par le Gouvernement, auront été assignés et remis à sa disposition pour cet objet.

Fait à Paris le 30 juillet 1788.

DE CORNY.

Décision du Bureau de la Ville du 5 Août 1788.

Vû par nous Prévost des marchands et échevins assemblés ce jourd'huy mardy 5 aoust mil sept cent quatre vingt huit au Bureau de la ville pour y délibérer sur les affaires d'icelle.

1° Le mémoire qu'a présenté le Sr Bouret du Vézelay à Monsieur le Baron de Breteuil Ministre et secrétaire d'Etat au Département de Paris, et par lequel il expose qu'il serait nécessaire pour l'embellissement du plus beau quartier de cette ville, de dégager l'église de la Magdeleine conformément au plan par lui projetté et de l'isoler au milieu d'une place qui aboutiroit dans une de ses extrémités à trois rues principales de neuf toises de largeur chacune, et dont une de 900 toises de longueur seroit prolongée jusqu'au carrefour des chemins de St-Ouen et de Clichy.

2° La lettre du Ministre en datte du 16 juin d[er] par la quelle en renvoyant à M. le Prévost des Marchands, tant le mémoire de mond. s[r] de Vezelay, que le plan qui y est annéxé, il lui témoigne le désir d'ête éclairé sur les avantages ou les inconvénients de son exécution, par son avis particulier, ainsy que par une délibération du bureau de la ville.

3° La lettre de S. A. S. M[r] le Prince de Condé ayant pour objet de faire connoître à M. le Prévost des Marchands, l'intérêt particulier qu'elle prend à l'admission de ce projet.

4° Le rapport favorable du s[r] Poyet architecte de la ville.

5° L'avis motivé du Procureur du Roy et de la ville qui établit jusqu'à la démonstration, la nécessité de l'exécution successive du plan proposé par led. s[r] Vezelay. Tout considéré :

Nous persévérons plus que jamais dans l'opinion que nous avons déjà soumise au jugement du Ministre par la p[re] délibération par nous prise sur le même objet, nous y sommes surtout attachés par une réflexion qui dans les projets de ce genre, nous sembleroit devoir toujours guider et fixer la marche de l'administration c'est qu'on finit par laisser tout imparfait, lorsqu'on fait succéder une entreprise nouvelle à celle qui n'est encore que commencée ; il est certain qu'en rassemblant sous le même point de vue tout ce qui s'est exécuté sur le terrein des Champs Elisées, de la place Louis XV et des ruës adjacentes jusqu'à l'église de la Magdeleine et en ajoutant à ce tableau les superbes constructions qui par une sorte de continuation de ces p[ers] travaux bordent aujourd'huy les rues nouvellement ouvertes au delà des Boulevards, on est forcé de convenir qu'il n'existe dans aucune ville un quartier dont le spectacle offre autant de magnificence, mais tout n'est pas consommé, et pour completter l'embélissement de la capitale dans cette partie, nous ne craignons point d'assurer que l'exécution du plan dud. s[r] de Vezelay est indispensablement nécessaire. Nous sentons néantmoins que dans la circonstance, la disette des moyens peut être objectée comme un obstacle invincible, aussi pensons-nous que, d'après cette considération, la majeure partie doit en être suspendüe, on peut différer, et sans un grand inconvénient, l'ouverture des 4 rües indiqüées aud. plan par les lettres KK, FF. Il n'en est pas de même de celle qui y est désignée par la lettre L et qui doit se prolonger par une ligne droite de 900 toises jusqu'au carrefour de St Ouen et de Clichy, le moindre retard dans la formation de cette rüe, pourrait donner le tems d'élever des édifices sur le terrein qu'elle doit parcourir, et alors les sacrifices immenses qu'il faudroit faire pour l'acquérir, rendroit par la suite l'ouverture de lad. rüe en quelque sorte impraticable. Le calcul du s[r] Vezelay démontre au contraire qu'en s'occupant de l'objet dès ce moment-ci la dépense n'excéderoit pas la somme d'environ 600.000 L. Nous estimons en conséquence qu'indépendamment de l'avantage personnel qui fait désirer à S. A. S. Mgr le Prince de Condé, la formation la plus prompte de cette rue nouvelle, tous les autres motifs de commodité publique, et d'embelissement, sont plus que suffisants pour déterminer à cet égard le vœu du Gouvernement; Et si malgré la réduction de cette première dépense évaluée seulement à la somme de 600.000 L, on étoit encore retenu sur la décision qui doit l'autoriser, par la crainte d'ajouter un nouvel engagement à ceux qu'on a déjà pris, et qui ont pour objet l'embelissement de cette capitale, Nous observons en ce cas, et d'après les résultats œconomiques de nos premières opérations, que sans nuire à l'activité des travaux publics ordonnés par l'édit du 7bre 1786, et sans qu'il puisse en résulter le moindre excédent au sacrifice des 30 millions que le Roy a bien voulu y destiner à raison de 3 millions par chacun an, on peut prélever sur lesd. fonds une somme annuelle qu'on affecteroit à l'exécution du plan dud. s[r] Vezelay, et spécialement à la dépense qu'occasionnera l'ouverture de la grande rue dont il s'agit. Et nous demandons à cet effet qu'il plaise à Sa Majesté de nous autoriser d'une part à consommer toutes les acquisitions nécessaires à l'exécution de ce préalable, et de l'autre à employer au payement d'icelles jusqu'à concurrence de la somme de 250.000 L par an, laquelle il nous sera permis de prélever sur les trois millions annuellement affectés à la dépense des travaux publics ordonnés, comme on vient de le dire, par l'édit de 7bre 1786.

Fait et arrêté au Bureau de la ville les jour mois et an que dessus :

LE PELLETIER, GUYOT, DORIVAL, BUFFAULT, SAGERET.

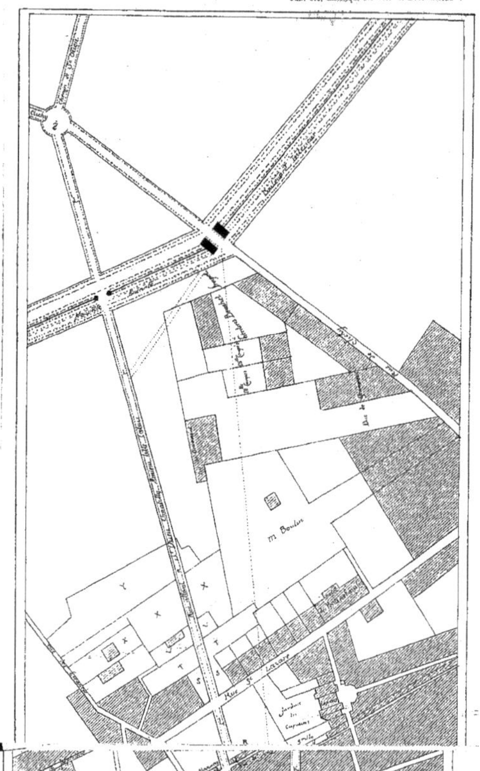

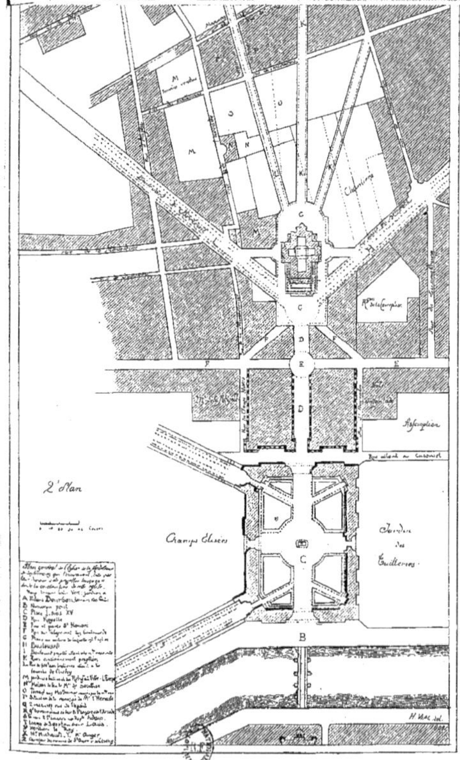

PROJET BOURET DE VEZELAY

POUR LE DÉGAGEMENT DE LA NOUVELLE ÉGLISE DE LA MADELEINE

(1788)

BOURET DE VÉZELAY
(JACQUES-LOUIS-GUILLAUME)

Peint par Mlle Vigée (Mme Vigée-Lebrun,) 1775.

Cliché E. Gossin — Appartient à Mlle Yolande de Baye.

NOTICE BIOGRAPHIQUE

SUR JACQUES-LOUIS-GUILLAUME BOURET DE VÉZELAY

Bouret de Vézelay (Jacques-Louis-Guillaume), l'auteur du projet de 1788 pour le dégagement des abords de l'église de la Madeleine[1], mérite une note biographique par ses attaches et celles d'autres Bouret avec le quartier du faubourg Saint-Honoré, et d'autant plus nécessaire que des renseignements inexacts ont été donnés sur ce personnage ou sur son oncle, Nicolas Bouret de Vézelay, car l'on ne précise pas. Ainsi Édouard Fournier, dans son *Paris démoli* (1858, p. 318), dit : « Bouret de Vézelay de fils de laquais devenu commis, et de commis, fermier général », en deux lignes, deux erreurs ; aucun Bouret de Vézelay n'a été fermier général et comme on le verra par la suite, aucun d'eux, pas plus que les autres Bouret, d'ailleurs, n'était fils de laquais.

L'identification du Bouret de Vézelay qui nous occupe, ne nous a pas été facile ; jusqu'à présent il avait été impossible de le rattacher avec certitude aux Bouret, les fermiers généraux, ceux-ci mieux connus, et son descendant, M. le baron de Baye, notre distingué collègue, qui s'est mis fort gracieusement à notre disposition pour ces recherches, n'a pu nous donner que la descendance sans pouvoir indiquer non plus la ligne ascendante.

On aurait pu supposer *à priori* que Jacques-Louis-Guillaume Bouret de Vézelay pouvait être le fils d'un autre Bouret de Vézelay (Nicolas), gentilhomme de la grande Vènerie du roi, oncle des trois Bouret, fermiers généraux, mais le testament de celui-ci du 20 juillet 1755[2] ne permet pas cette filiation, Nicolas Bouret de Vézelay n'ayant à cette époque, comme lors de son décès, en janvier 1756, que des neveux et des nièces. Il nous a donc fallu étendre nos recherches et grâce aux Archives nationales, aux registres paroissiaux de Mantes et au minutier du notaire Me Flamand-Duval, que nous ne

1. Voy. Bulletin 1908, p. 65-80.
2. Archives de la Seine. Insinuations 238, fo 199 vo.

saurions trop remercier pour son excellent accueil, nous pouvons donner maintenant quelques éclaircissements sur cette famille qui se rattache si profondément à notre quartier.

La famille Bouret de Vézelay était d'origine mantaise et l'on rencontre parmi ses membres, en remontant jusqu'au XVe siècle, des marchands, bourgeois de Mantes, des officiers de judicature, des procureurs, des greffiers, des lieutenants généraux des bailliages de Mantes et de Gisors, des présidents de l'Election de Mantes, etc, et c'est de l'une des trois branches des Bouret, devenue parisienne, les deux autres restées mantaises disparaissant complètement au début du XIXe siècle, que descend Jacques-Louis-Guillaume Bouret de Vézelay, né le 27 octobre 1733, fils de Jacques Bouret de Chérence et de Louise Bourdais. Son père décédé à Rouen le 25 février 1751, sa mère était décédée en 1736, comptait parmi ses frères, Nicolas Bouret de Vézelay et Etienne Nicolas Bouret, père des trois fermiers généraux.

Les deux fils de Jacques Bouret de Chérence, *Jacques-Louis-Guillaume* et Jean-Jacques, font leurs études au Collège des Jésuites de la Flèche, tandis que leurs sœurs sont mises en pension au couvent de la Présentation à Senlis. En 1756, lors du décès de son oncle, Nicolas Bouret de Vézelay, qui portait seul alors cette appellation de Vézelay, Jacques-Louis-Guillaume est indiqué comme majeur suivant la coutume de Normandie, où il était né, demeurant ordinairement à Lisieux. Nous le retrouvons plus tard, en 1766, trésorier général alternatif de l'artillerie et du génie[1], charge qu'il occupa jusqu'en 1773.

Dès 1769, il avait obtenu la concession pour faire couvrir le canal du grand Egout, entre le ponceau de Gaillon (Chaussée d'Antin) et la partie voûtée du faubourg Montmartre. Il ouvre à ses frais en 1773, la rue Taitbout, sur un immense terrain dont il avait fait bail emphytéotique avec les religieux Mathurins, et en 1775, nouvelle concession pour l'ouverture d'une rue entre la rue Taitbout et les boulevards, en face la rue Louis-le-Grand, au coin de la Chaussée d'Antin. Les lettres

1. Voy. sa provision d'office, A. N. V[1] 434, document qui nous a permis de donner la date de sa naissance.

patentes données à cet effet, art. 3, disent « veut S. M. que la dite rue soit nommée rue de Vézelay ». Cette rue a formé longtemps un cul-de-sac, appelé plus tard Taitbout; c'est aujourd'hui la rue du Helder.

Les projets de 1787 et de 1788 nous ont fait voir Bouret de Vézelay propriétaire d'importants terrains, derrière le couvent des Capucins de la Chaussée d'Antin et au Roule. Sur ce dernier terrain on a construit les abattoirs, aujourd'hui disparus, et il reste encore un souvenir de ce propriétaire, avec la rue Vézelay, laquelle va de la rue de Lisbonne à la rue de Monceau.

Nous le voyons habiter successivement, avec sa femme Marie-Louise Corby d'Heurnonville, la rue Saint-Marc (1767-1769), la Chaussée d'Antin, paroisse Saint-Eustache (1773)[1], la Chaussée d'Antin, paroisse de la Ville-l'Evêque (1777), c'est peut-être la même demeure mais avec nouvelle délimitation des paroisses, le cul-de-sac Taitbout (1787), la rue de Clichy (1788), le faubourg Saint-Denis (1792), la rue Neuve des Capucines (an II) et la rue des Champs-Elysées n° 9, aujourd'hui Boissy d'Anglas (ans VI-IX); mais jusqu'à présent nous n'avons pu connaître la date de son décès, si ce n'est que les annuaires des ans VII-IX indiquent M. et Mme Bouret-Vézelay parmi les non-commerçants et demeurant rue des Champs-Elysées, tandis que ceux des ans X, XI et XII ne les mentionnant plus, on peut supposer que le décès du mari eut lieu en l'an IX. Bouret de Vézelay avait alors 67 ans. L'almanach du commerce de l'an XIII (1805) indique dans la liste des non-commerçants la Vve Bouret-Vézelay, 676 rue Saint-Florentin et celui de 1806 remplace par le n° 11, le numéro sectionnaire de la Révolution.

Il existe un portrait de Bouret de Vézelay, peint par Mlle Vigée, en 1775, lorsqu'elle avait vingt ans, avant qu'elle ne devienne Mme Vigée-Lebrun. Ce portrait, d'une belle tenue,

1. C'est dans cette demeure et à cette date (31 janvier 1773) que furent signées deux donations entre vifs, chacune de 150.000 livres en deux rentes viagères de 12000 livres faites par Jean-Baptiste Dumazel, écuyer demeurant rue du faubourg Saint-Honoré, et individuellement pour M. et Mme Vézelay en considération de l'estime et de l'amitié qu'a pour eux le donataire. (A. N. Y 431 n°s 307 et 308. Communication de M. Capon).

appartient à Mademoiselle Yolande de Baye, fille du baron de Baye, qui fort aimablement a bien voulu nous autoriser à le reproduire pour accompagner cet article. Bouret de Vézelay avait alors 42 ans. Mademoiselle Yolande de Baye possède également le portrait de Madame de Vézelay par Roslin et le pastel de leur fils par La Tour.

D'autres membres de cette famille ont résidé au faubourg Saint-Honoré. Le terrain à l'est de l'Hôtel des Ambassadeurs, ancien Hôtel d'Evreux et de la Pompadour, dont cette dernière avait fait un jardin particulier appelé *les Goulettes*, avait été distrait par le roi et donné en 1769 à Etienne Michel Bouret, le fermier général[1]. Il y fit construire plusieurs hôtels et habita dans l'un d'eux où il est mort en 1777. Nous le voyons édifier sur une partie de ce terrain un hôtel, et le louer par un bail à vie, le 13 mars 1771, à Grimaldi de Monaco, comte de Valentinois, pour que les clefs lui soient remises à la Saint-Jean de 1772[2]. C'est sur ce terrain que s'élevaient au XIXe siècle les hôtels de Castellane et Sébastiani qui ont servi à l'élargissement de l'Elysée et à la percée de la rue de ce nom.

Bouret de Valroche, autre fermier général et frère d'Etienne Michel, demeurait rue de la Ville l'Evêque en 1756 et 1776.

Enfin le gendre d'Etienne Michel Bouret, Thiroux de Montsauge, marié à Thérèse Antoinette Bouret, fit construire vers 1786, au coin de l'avenue des Champs-Elysées et de l'ancienne rue d'Angoulême (La Boétie) cet hôtel, appartenant aujourd'hui au duc de Massa, et dont notre collègue M. Perrot a fait récemment une si excellente monographie[3].

Nous faisons suivre cette note biographique d'un tableau généalogique concernant Bouret de Vézelay, qui complètera les renseignements donnés par M. de Caraman, lequel, dans son Recueil sur les fermiers généraux, résume d'après les différents fonds du cabinet des titres ce que l'on connaissait alors sur la famille des Bouret[4].

1. Le Palais de l'Elysée par Georges DUVAL. Bull. de la Société, T. V 1903, p. 52.

2. Arch. nat. T. 429[1], avec plans.

3. Bull. de la Société, T. IX, 1907, p. 90-107.

4. Bibl. nat. Mss. Nouv. acq. fr. 20533, p. 333-347.

TABLEAU GÉNÉALOGIQUE POUR JACQU IS-GUILLAUME BOURET DE VÉZELAY

I. Jean Bouret, bourgeois de Mantes.

II. Nicolas, 3ᵉ fils de Jean, marié à Fran homme.

III. Guy, 2ᵉ fils de Nicolas, marié à Cath bœuf.

IV. Antoine, marié à Marguerite Laroqu

V. Michel, greffier de la prévôté de Mant 16 septembre 1638, décédé le 2 mars 1684. marié à Marie Poisson le 7 août édée le 30 août 1732.

VI. Michel Bouret, dit l'aîné	Etienne-Nicolas Bouret (1)	Marie-Nicolle	Agathe	Antoin	Marguerite	Jean Bouret de Nogent	Jacques Bouret de Chérence	Nicolas Bouret de Vézelay
† janvier 1747	né 23 déc. 1668 † mai 1748 secrétaire du Roi marié à Marie-Anne Chopin de Montigny décédée 2 août 1720	né 9 mai 1670 décédée 7 déc. 1731	† 1673	de né 3 ju décédi 1742, Marie	né 25 sept. 1673	né 21 mai 1675 décédé juillet 1751 sans alliance	né 5 juin 1676 décédé à Rouen 25 février 1751 marié à Louise Bourdais décédée 3 mars 1736	né 5 sept. 1677 Gentilhomme de la Grande-Vénerie du Roi décédé janvier 1756 sans alliance

VII. Jacques-Louis-Guillaume **BOURET DE VÉZELAY**	Jean-Jacques de Chére	Marie-Jeanne-Louise Bouret de Chérence	Marie-Louise Bouret de Chérence
né le 23 octobre 1733 Trésorier général de l'artillerie et du génie, Seigʳ d'Esnon marié à Marie-Louise Corby d'Heurnonville		mariée (contrat du 22 mai 1751) à Pierre-Charles Sinson de Sévestreville	mariée (contrat du 25 nov. 1752) à Pierre-Thomas Chicoillet de Corbigny

VIII. Etienne-Louis B. de Vézelay	Jean-Louis-Guillaume B. de Vézelay	Claude-Lo ne Bouret d y	Alexandre-Louis-Victoire B. de Vézelay	Adrien-Etienne-Charles B. de Vézelay
né 5 juillet 1768	né 1ᵉʳ avril 1770	né 30 déc 72 décédé le 10 1848 marié à Adé hine de Gi décédée	né 21 mai 1777	né 12 décembre 1782

IX. Louise Bour ézelay (2)
née e
décédée 11 septembre 1894, Av Champs-Élysées, nº 70
mariée à Jo inson
décédé 26 janvier 1864, Gabriel, nº 38

(1) C'est d'Etienne-Nicolas Bouret et de Marie-Anne Chopin de Montigny que descendent ermiers généraux. Voici la descendance : Marie-Jeanne, 1707. — Angélique, 1708. — Etienne-Michel dit le grand Bouret, 1710-1777, fermier général. — Antoine-François roche, 1711-1776, fermier général. — Augustin B. de Villaumont, 1713, fermier général. — Marc-Alexandre B. de Montigny, 1715.

(2) X. Georgina Wilkinson, sa fille, née en 1825, mariée au baron Auguste de Baye. — r-Auguste-Louis-Joseph baron de Baye, marié à Marie-Anne-Béatrix Oppenheim.

MONTDIDIER. — IMPRIMERIE J. BELLIN

www.ingramcontent.com/pod-product-compliance
Ingram Content Group UK Ltd.
Pitfield, Milton Keynes, MK11 3LW, UK
UKHW020440220726
13923UKWH00005B/2250

9 782019 681807